Arte y cultura

Diseños del pasado

Partición de figuras

Lisa A. Willman, M.A.Ed.

Asesora

Lorrie McConnell, M.A.
Especialista de capacitación profesional TK–12
Moreno Valley USD, CA

Créditos de publicación

Rachelle Cracchiolo, M.S.Ed., *Editora comercial*
Conni Medina, M.A.Ed., *Gerente editorial*
Dona Herweck Rice, *Realizadora de la serie*
Emily R. Smith, M.A.Ed., *Realizadora de la serie*
Diana Kenney, M.A.Ed., NBCT, *Directora de contenido*
June Kikuchi, *Directora de contenido*
Caroline Gasca, M.S.Ed., *Editora superior*
Stacy Monsman, M.A., *Editora*
Michelle Jovin, M.A., *Editora asociada*
Sam Morales, M.A., *Editor asociado*
Fabiola Sepulveda, *Diseñadora gráfica*
Jill Malcolm, *Diseñadora gráfica básica*

Créditos de imágenes: pág.4 Merkuri2/iStock; pág.6 Education Images/Getty Images; pág.9 Laurent/iStock; pág.10 Yuangeng Zhang/Shutterstock; pág.13 (inferior) Granger Academic; pág.15 (inferior) Universal Images Group North America LLC/DeAgostini/Alamy; pág.16 Education Images/Getty Images; pág.17 Greenshoots Communications/Alamy; pág.18 Chronicle/Alamy; pág.20 Enduro/ iStock; pág.24 Transcendental Graphics/Getty Images; pág.27 redtea/iStock; todas las demás imágenes de iStock y/o Shutterstock.

Library of Congress Cataloging-in-Publication Data

Names: Willman, Lisa A., author.
Title: Disenos del pasado : particion de figuras / Lisa A. Willman.
Other titles: Patterns of the past. Spanish
Description: Huntington Beach : Teacher Created Materials, 2018. | Series:
  Arte y cultura | Audience: Age 8. | Audience: Grades K to 3. |
Identifiers: LCCN 2018007635 (print) | LCCN 2018009584 (ebook) | ISBN
  9781425823382 (ebook) | ISBN 9781425828769 (pbk.)
Subjects: LCSH: Textile fabrics--Juvenile literature. | Clothing and
  dress--Juvenile literature.
Classification: LCC TS1446 (ebook) | LCC TS1446 .W48513 2018 (print) | DDC
  646/.3--dc23
LC record available at https://lccn.loc.gov/2018007635

Teacher Created Materials

5301 Oceanus Drive
Huntington Beach, CA 92649-1030
www.tcmpub.com

ISBN 978-1-4258-2876-9

Contenido

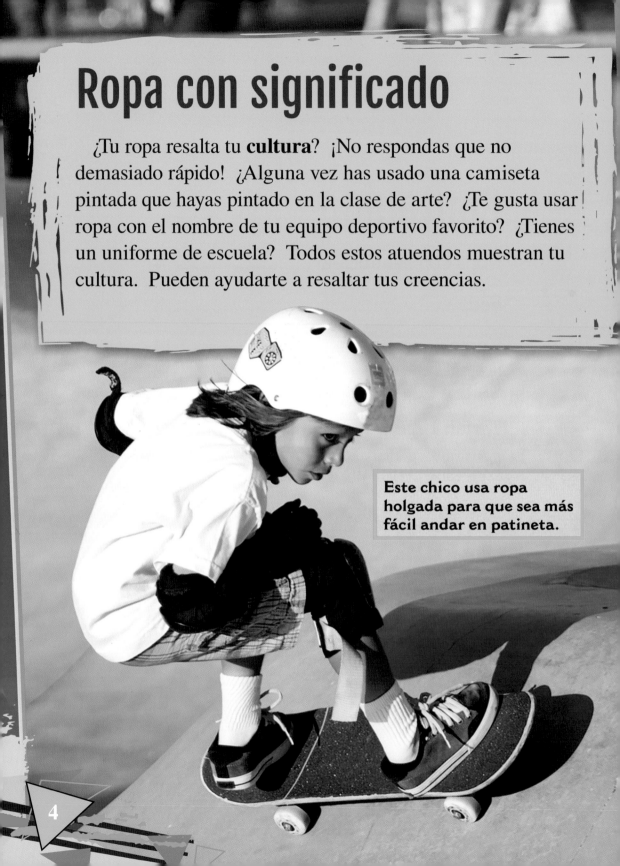

Ropa con significado

¿Tu ropa resalta tu **cultura**? ¡No respondas que no demasiado rápido! ¿Alguna vez has usado una camiseta pintada que hayas pintado en la clase de arte? ¿Te gusta usar ropa con el nombre de tu equipo deportivo favorito? ¿Tienes un uniforme de escuela? Todos estos atuendos muestran tu cultura. Pueden ayudarte a resaltar tus creencias.

Este chico usa ropa holgada para que sea más fácil andar en patineta.

niña con ropa del Oeste

niño con ropa de negocios

5

La ropa que las personas usaban hace mucho tiempo también tenía significado. De hecho, una manera de aprender sobre el pasado es mediante la vestimenta. Hay ropa que solo usaban reyes y reinas. Otras prendas tenían diseños para marcar fechas especiales. Las telas usadas nos pueden decir más acerca de dónde vinieron. La ropa permite entrever el pasado. Y hay diseños que todavía se ven hoy.

Estas mujeres usan prendas con un diseño que es especial para ellas.

Antes de ser usada para fabricar ropa, la tela suele tener forma de rectángulo. Imagina que los trabajadores dividen la tela en cuadrados de igual tamaño que pueden usarse para hacer muchas prendas.

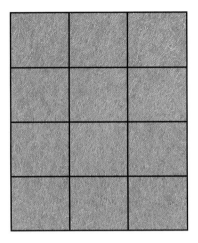

1. ¿Por qué crees que los trabajadores hacen cuadrados de igual tamaño?

2. Los trabajadores deben completar este formulario para describir la tela: *Hay _____ filas y _____ columnas. Hay _____ cuadrados en total.* ¿Qué sugieres que escriban?

En el pasado, las mujeres chinas usaban vestidos como este para mostrar riqueza.

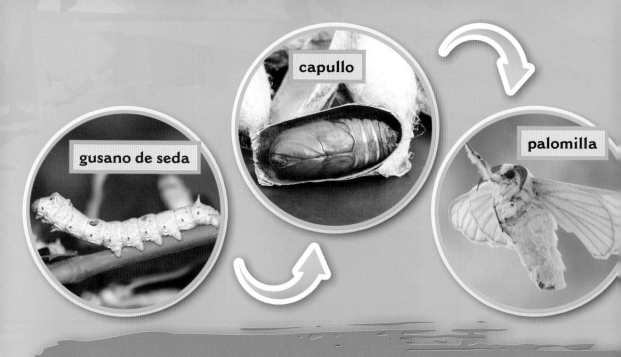

gusano de seda

capullo

palomilla

Seda

La seda se descubrió en China. Está hecha por gusanos de seda que están listos para ser palomillas. Primero, un gusano hace un hilo. Luego, usa el hilo para formar un **capullo**. ¡Los capullos de los gusanos de seda están hechos de casi una milla (dos kilómetros) de hilo! Se puede **tejer** este hilo para hacer tela.

Algunos dicen que la esposa de un emperador fue la primera en descubrir la seda. Un día, ella estaba tomando té junto a un árbol. De pronto, un capullo cayó dentro de su taza. El capullo se **desenrolló** formando un hilo largo. La esposa del emperador usó el hilo para formar la primera pieza de seda.

China

Una mujer hila capullos de gusanos de seda para formar seda.

La ropa de seda es liviana y suave. Cuesta mucho dinero hacer seda. Al principio, solo los gobernantes de China podían usar seda. Los emperadores usaban batas de seda para mostrar su **rango**. Contrataban artistas para que cosieran diseños en sus batas. Estos diseños mostraban símbolos importantes de los gobernantes. Una bata podía tener dragones o nubes. Otra bata podía tener tigres u olas.

Una mujer en China usa una bata roja con diseño de dragones.

EXPLOREMOS LAS MATEMÁTICAS

Era común que más de 10 personas trabajaran en una sola bata para el emperador. Imagina que este trozo de seda se convierte en la bata de un emperador. Los trabajadores están haciendo marcas para dividirlo en cuadrados iguales. Quieren que todos tengan la misma cantidad de tela. Usa los dibujos para responder las preguntas y ayudarlos a completar su plan.

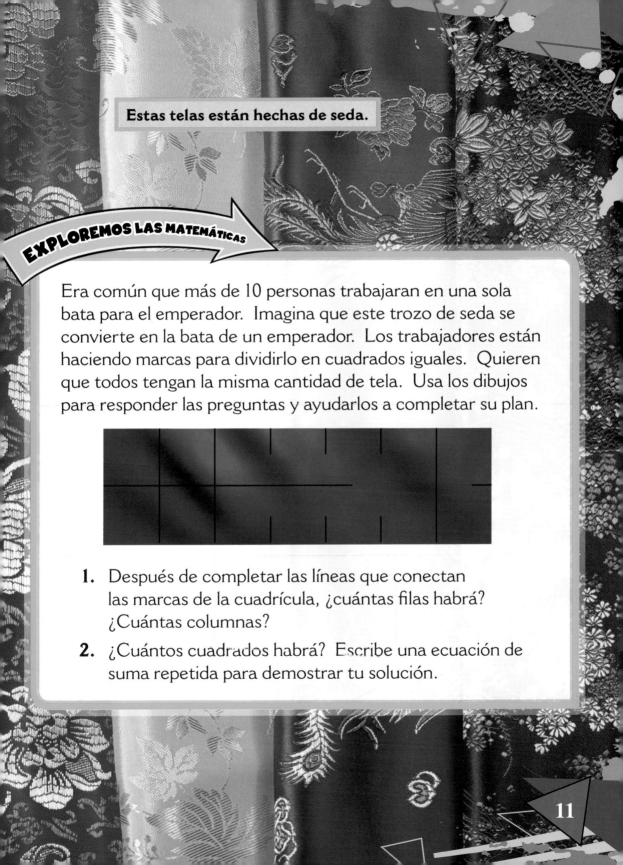

1. Después de completar las líneas que conectan las marcas de la cuadrícula, ¿cuántas filas habrá? ¿Cuántas columnas?

2. ¿Cuántos cuadrados habrá? Escribe una ecuación de suma repetida para demostrar tu solución.

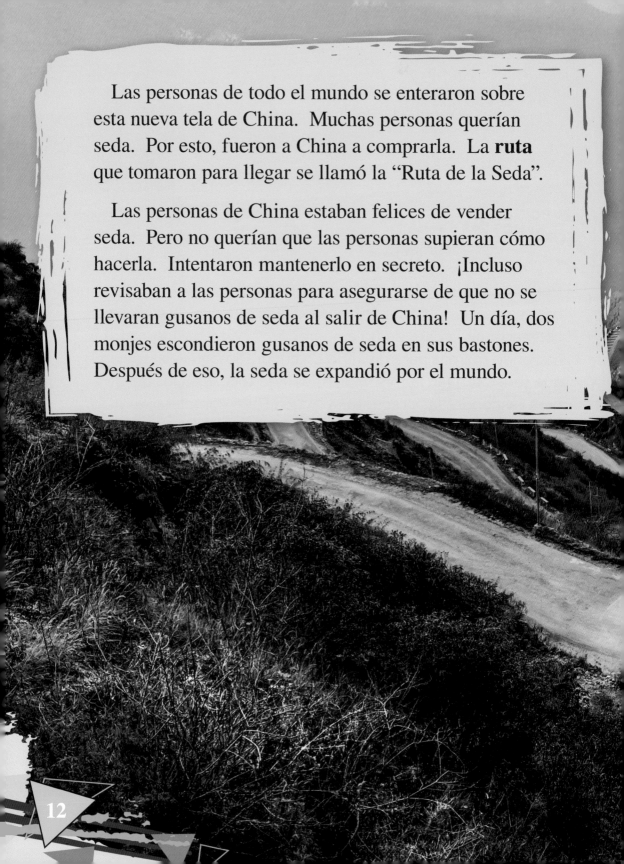

Las personas de todo el mundo se enteraron sobre esta nueva tela de China. Muchas personas querían seda. Por esto, fueron a China a comprarla. La **ruta** que tomaron para llegar se llamó la "Ruta de la Seda".

Las personas de China estaban felices de vender seda. Pero no querían que las personas supieran cómo hacerla. Intentaron mantenerlo en secreto. ¡Incluso revisaban a las personas para asegurarse de que no se llevaran gusanos de seda al salir de China! Un día, dos monjes escondieron gusanos de seda en sus bastones. Después de eso, la seda se expandió por el mundo.

la Ruta de la Seda

Mujeres planchan una tela de seda en esta pintura del siglo XII.

13

Kente

Ghana es un país de África. Es el lugar donde nació una tela llamada kente. Y su origen también tiene una historia.

La historia cuenta que dos hermanos salieron a caminar. Vieron una araña tejiendo una tela. Los hermanos volvieron a casa. Una vez allí, tomaron las **fibras** blancas y negras de un árbol de rafia. Luego, tejieron las fibras para hacer una tela que se parecía a la telaraña que habían visto. Cuando terminaron, fueron a mostrársela al rey.

Ghana

tela kente de Ghana

árbol de rafia

15

Al rey le encantó la tela. Pero quería que fuera colorida. Así que **tiñeron** las fibras.

Ahora, la tela kente es conocida por sus colores brillantes. Cada color tiene un significado. El amarillo representa el oro y la riqueza. El verde representa la naturaleza.

Las personas tejían tela kente con muchas formas y diseños. Cada diseño cuenta una historia. Cada uno tiene un significado especial.

Al principio, solo el rey y la reina podían usar kente. Pero ahora, las personas de todo el mundo adoran vestir los diseños brillantes. La tela kente no proviene más del árbol de rafia. Ahora se hace con seda.

Un hombre en Ghana teje hilos para hacer una tela kente.

El jefe de una aldea y sus consejeros usan tela kente en Ghana.

Tres mujeres en Java hacen tela batik en la década de 1910.

Batik

La isla de Java es famosa en todo el mundo por su arte batik. Java está en Indonesia. Las personas que hacen batik son verdaderos artistas.

Se requieren tres pasos para hacer el batik. Primero, los artistas dibujan sobre la tela con cera caliente. Luego, ponen tintura sobre la tela. Las partes de la tela que están cubiertas de cera no pueden **absorber** la tintura. Finalmente, retiran la cera. Así es cómo se revela el diseño.

Un artista del batik dibuja flores con cera.

Indonesia

19

El arte del batik solía verse como un signo de rango. Era caro. Eso significaba que a muchos les gustaba, pero no podían pagarlo. A medida que pasó el tiempo, nuevos artistas aprendieron esta forma de arte. Eran **elogiados** por sus habilidades. También hicieron ropa que costaba menos. No pasó mucho tiempo hasta que el batik se expandió a personas de todos los rangos. Hoy, el arte batik se encuentra en todo el mundo. Pero muchos creen que el batik de Java es el mejor.

Esta mujer muestra una pieza de arte batik.

20

Una artista aplica cera a la tela para hacer una pieza de arte batik.

Escocia

Tartán

El tartán es otro diseño con significado. Proviene de Escocia. El tartán está hecho de lana. La lana viene de las ovejas. Primero, se tiñe la lana. Luego, se teje la lana teñida en franjas. Las franjas pueden tener anchuras distintas. Para hacer el tartán, las franjas se entrecruzan. Esto forma un diseño a cuadros.

Un gaitero escocés usa tela de tartán roja.

Los escoceses usan tela de tartán en una lámina de la década de 1860.

24

No todos los diseños de tartán se ven iguales. Cada **clan** tiene su propio tartán. Y cada color tiene su propio significado. Los cazadores suelen usar tartán oscuro. Los colores oscuros los ayudan a camuflarse con la naturaleza. Los tartanes claros se usan en días especiales, como las bodas.

Por muchos años, las personas no podían usar tartán. Estaba **prohibido**. Pero actualmente muchos lo usan.

EXPLOREMOS LAS MATEMÁTICAS

El diseño de tartán suele verse en las faldas escocesas. Las faldas comenzaron como mantas de lana con las que se envolvían las personas. Posiblemente reconozcas el nombre escocés de estas mantas de lana: *plaid*, que significa "manta de lana a cuadros".

Dibuja un rectángulo similar a este para crear las franjas de un diseño de tartán. Cuando termines, las franjas de tartán deben crear cuadrados de igual tamaño organizados en 5 filas y 4 columnas. ¿Cuál es la cantidad total de cuadrados?

Ropa con cultura

La seda, la tela kente, el batik y el tartán cuentan historias sobre algunas culturas del mundo. También tienen una larga historia. ¡Ahora puedes ver la ropa de una manera nueva! Y puedes elegir usar ropa que cuente tu propia historia.

Actualmente, las telas y diseños se encuentran en muchos lugares. Algunos todavía se hacen a mano. Pero las máquinas hacen la mayoría de las telas. Esto ayuda a que cuesten menos. De ese modo, más personas pueden disfrutarlas.

Madre e hija usan vestidos de kente que combinan.

Una mujer china usa
un vestido de seda roja.

⚙ Resolución de problemas

Las personas han hecho colchas de retazos por cientos de años. Todavía es una forma de arte común. Muchas colchas tienen cuadrados de tela organizados en filas y columnas.

Crea tres colchas de retazos diferentes que tengan 24 cuadrados de tela de igual tamaño cada una. Cada colcha debe tener forma de rectángulo. Crea tus diseños con piezas cuadradas y luego dibújalos en papel cuadriculado. Responde las preguntas para describir tus colchas.

1. ¿Cuántas filas y columnas hay en cada una de tus colchas?

2. ¿Cómo hiciste para verificar que cada colcha tuviera 24 cuadrados?

Glosario

absorber: retener

capullo: una cubierta, por lo general de seda, que hacen algunos insectos para protegerse

clan: un grupo grande de personas que están relacionadas entre ellas

cultura: las creencias y las costumbres de un grupo de personas

desenrolló: aflojó o desenroscó para quedar recto

elogiados: que dijeron o escribieron cosas buenas sobre ellos

fibras: pequeños hilos que se usan para hacer tela

prohibido: no permitido

rango: la posición en una sociedad o grupo

ruta: el camino que usa una persona para ir de un lugar a otro

tejer: cruzar hilos por encima y por debajo para formar un material

tiñeron: usaron sustancias para cambiar el color de algo

Índice

Soluciones

Exploremos las matemáticas

página 7:

1. Las respuestas variarán, pero pueden incluir que los rectángulos pueden dividirse en cuadrados de igual tamaño usando filas y columnas. De este modo, cada prenda tendrá la misma cantidad de tela.

2. Hay 4 filas y 3 columnas. Hay 12 cuadrados en total.

página 11:

1. 2 filas; 7 columnas

2. 14 cuadrados; las ecuaciones variarán, pero pueden incluir:
$7 + 7 = 14$ o $2 + 2 + 2 + 2 + 2 + 2 + 2 = 14$.

página 25:

20 cuadrados

Resolución de problemas

1. Las respuestas variarán, pero pueden incluir:
1 fila y 24 columnas;
2 filas y 12 columnas;
3 filas y 8 columnas;
4 filas y 6 columnas;
6 filas y 4 columnas;
8 filas y 3 columnas;
12 filas y 2 columnas;
o 24 filas y 1 columna.

2. Las respuestas variarán, pero pueden incluir ecuaciones de suma repetida, conteo salteado o cálculo.